新能源汽车高压防护与安全操作

任务工单

学校＿＿＿＿＿＿＿＿＿＿＿＿＿＿＿

姓名＿＿＿＿＿＿＿＿＿＿＿＿＿＿＿

学号＿＿＿＿＿＿＿＿＿＿＿＿＿＿＿

目　录

项目一　高压电气危害与应急处置 ……………………………………………………… 1
　学习任务一　高压电气危害认知 ………………………………………………………… 1
　学习任务二　高压电气事故应急处置 …………………………………………………… 4

项目二　新能源汽车高压防护 …………………………………………………………… 9
　学习任务一　防护用具与绝缘工具使用 ………………………………………………… 9
　学习任务二　高压电路测量设备使用 …………………………………………………… 11

项目三　新能源汽车高压系统认知 ……………………………………………………… 14
　学习任务一　新能源汽车电气架构认识 ………………………………………………… 14
　学习任务二　新能源汽车高压部件与高压线束认知 …………………………………… 16
　学习任务三　新能源汽车高压断电验电操作 …………………………………………… 20

项目四　新能源汽车维修安全操作 ……………………………………………………… 24
　学习任务一　新能源汽车维修规范认知 ………………………………………………… 24
　学习任务二　纯电动汽车高压系统绝缘检测 …………………………………………… 26
　学习任务三　纯电动汽车高压互锁系统检测 …………………………………………… 28
　学习任务四　混合动力汽车安全操作 …………………………………………………… 30

项目一 高压电气危害与应急处置

学习任务一 高压电气危害认知

任务准备

一、判断题

1）当人体接触到 25V 以上的交流电或 60V 以上的直流电时，就有可能会发生触电事故。（   ）

2）伤害人体的不是电压，而是电流。（   ）

3）人体导电的主要原因是血液含有电解液成分，电解液成分导致了导电性。（   ）

4）人体的电阻会存在个体的差异性，例如胖的和瘦的、男的和女的，其电阻值都不同。（   ）

5）触电最大的危险是：当电流通过人体的心脏时，会刺激心脏产生异常的颤振。（   ）

6）绝缘电阻越大，绝缘性能越好。（   ）

7）绝缘是利用绝缘物把带电体封闭起来，实现带电体相互之间、带电体与其他导体之间的电气隔离，使电流能按一定的路径流通。（   ）

8）电击是指电流流过人体内部造成人体心脏、肺及神经系统等内部器官的伤害。（   ）

9）电伤是指由于电流的热效应、化学效应和机械效应对人体的外表造成的局部伤害，如电弧烧伤、熔化金属溅出烫伤等。（   ）

10）电磁场伤害指在高频磁场的作用下，人会出现头晕、乏力、记忆力减退、失眠和多梦等神经系统的症状。（   ）

二、选择题

1）直接触电的防护技术措施主要有（   ）、双重绝缘及特低电压等。
   A. 绝缘   B. 屏护   C. 电气隔离   D. 安全间距

2）间接触电的防护技术措施主要有（   ）、接地或接零等。
   A. 漏电保护   B. 接地   C. 接零   D. 绝缘

3）电工绝缘材料通常可分为（   ）。
   A. 气体绝缘材料   B. 液体绝缘材料   C. 固体绝缘材料

4）气体绝缘材料有（   ）、高真空和六氟化硫等。
   A. 空气   B. 氮气   C. 氢气   D. 二氧化碳

5）绝缘材料的绝缘性能是以（   ）等指标来衡量的。
   A. 绝缘电阻   B. 泄漏电流   C. 击穿强度   D. 介质损耗

6）电气屏护是采用（   ）等装置把带电体同外界隔绝开来。

A. 遮栏　　　　　　B. 护罩　　　　　　C. 护盖箱闸

7）安全间距可分为（　　　）。

A. 线路间距　　　　B. 设备间距　　　　C. 检修间距

8）根据伤害的性质不同，触电可分为（　　　）。

A. 电伤　　　　　　B. 电击　　　　　　C. 电磁场伤害

任务实施

一、作业前准备

在实训任务开展前严格按照此步骤对防护用具、绝缘工具、高压危险指示牌等进行检查。

检查方法	检查结果
检查防护用具是否缺失、破损	
检查绝缘工具是否齐全，绝缘胶套是否破损	
检查实训现场是否摆放高压危险指示牌或其他高压警示标识	
如需拆卸维修开关，检查是否有专人进行保管或在特定位置摆放，防止在进行维修作业时，其他人员闭合维修开关造成安全事故	

二、实施作业

（一）体验触电与防护

1. 安全检查：查看触电体验设备是否符合安全要求

触电体验设备	触电体验的安全限制		
		设备上限	安全上限	安全程度
	电压：			
	电流：			

2. 触电体验：打开开关，直接用双手分别接触两侧触点

体验电压	体验电流	人体感受

3. 防护体验：戴上绝缘手套，打开开关，双手再次接触触点

体验电压	体验电流	人体感受

（续）

4. 案例分析：检索相关触电案例，分析触电原因和对人体的危害

触电原因	人体危害

5. 触电危害总结

（二）电路参数测量与计算

1. 画出触电时刻的电路图

2. 电路测量：用万用表测量触电体验设备触点两端电压

显示电压	测量电压	正、负极触点各自到接地的电压	
		正极到接地：	
		负极到接地：	
		原因分析：	

3. 人体电阻测量：用万用表测量人体电阻

测量部位	测量值	根据触电体验结果计算的人体电阻值

4. 根据新能源汽车的电压范围，估算人体触电电流

新能源汽车的电压平均值	
人体电阻的平均值	
触电电流的平均值	

该电流下的触电危害：

任务评价

评分项目	评分标准	自我评价	小组评价	教师评价
		优秀，25 分；良好，15 分；一般，10 分		
知识目标	1. 能讲述电学参数和电路的基本概念 2. 能讲述新能源汽车的高压电气危害			
实践能力	1. 能利用电路基本参数的测量和计算方法进行测量和计算 2. 能正确地实施触电危险的安全体验			
职业素养	1. 能够查阅维修手册或相关资料并准确地找到所需知识 2. 能够与他人交流或介绍相关内容 3. 在工作组内服从分配、担当责任并能协同工作			
工作规范 6S	1. 清理及整理工具、量具及车辆，维护整洁实训场地 2. 建立安全操作环境 3. 物品回收与环保处理 4. 检查完善工作单			
总评	满分 100 分			

学习任务二　高压电气事故应急处置

任务准备

一、判断题

1）在周围发生触电事故后，援助触电受伤人员时首先要保证营救人员自身的安全。（　　）

2）当发现有人触电时，禁止用手直接触碰与电源相连的人员，正确的做法是立即将相关电气系统的电源关掉。（　　）

3）在无法立即关闭电源的情况下，用绝缘物体（橡胶棍、绝缘手套、干木棍等）把触电人员和事故电气设备分开。（　　）

4）如果电流经过触电者入地，并且触电者紧握通电导线时，应立即将通电导线剪断。（　　）

5）如果触电者的伤害程度并不严重，神志还比较清醒，应让他站起来走动走动。（　　）

6）当人体遭受到电击时，如果没有电流通过人体的心脏，则并不会引起心室颤动。（　　）

7）任何药物都不能代替人工呼吸和胸外按压抢救。人工呼吸和胸外按压是基本的急救方法。（　　）

8）胸外按压频率每分钟约 100 次，每 2min 更换按压者，每次更换时间间隔小于 5s。（　　）

9）触电后 1min 内进行有效的治疗，治疗率可达 90%，而超过 12min 后开始进行救治，基本无救活可能。（　　）

10）新能源汽车蓄电池燃烧，使用气溶胶灭火器和干粉灭火器灭火是无效的，必须使用大量的水来灭火。（　　）

二、选择题

1）新能源汽车电气火灾分类主要有（　　）等。
   A. 充电时起火　　　　B. 碰撞起火　　　　C. 浸水起火　　　　D. 停驶状态下起火

2）人工呼吸的吹气速度应保持在每分钟（　　）。
   A. 5~10 次　　　　　B. 16~20 次　　　　C. 20~30 次　　　　D. 30~60 次

3）下列说法中正确的是（　　）。
   A. 剪断电源线时，应站在绝缘物体上
   B. 救护人不得使用金属和其他潮湿的物品作为救护工具
   C. 在使触电者脱离电源时，救护人必须用两只手操作，以防触电
   D. 剪断电线要分相，一根一根地剪断，并尽可能站在绝缘物体或干木板上

4）下列伤员移动方法中，正确的是（　　）。

A.

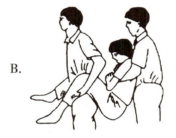
B.

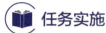 任务实施

一、作业前准备

在实训任务开展前严格按照此步骤对防护用具、绝缘工具、高压危险指示牌等进行检查。

检查方法	检查结果
检查防护用具是否缺失、破损	
检查绝缘工具是否齐全，绝缘胶套是否破损	
检查实训现场是否摆放高压危险指示牌或其他高压警示标识	
如需拆卸维修开关，检查是否有专人进行保管或在特定位置摆放，防止在进行维修作业时，其他人员闭合维修开关造成安全事故	

二、实施作业

（一）模拟触电救助

1. 触电解救：在做好安全防护的基础上，使伤员脱离电源

	个人防护	□绝缘手套　□绝缘鞋
施救者措施	车辆断电	□通电　□断电
	施救工具	□绝缘钩
	呼吸	□有　□无
判断伤员情况	心跳	□有　□无
	瞳孔	□正常　□放大

（续）

2. 实施心肺复苏：大声呼救并积极实施急救

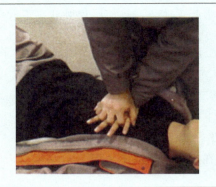

具体步骤	注意事项
仰卧平躺	
胸外按压	
开放气道	
人工吹气	
重复按压吹气	

3. 实施心脏除颤：使用除颤仪进行人员急救

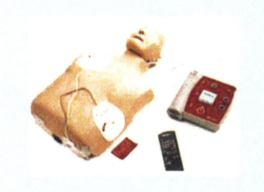

具体步骤	注意事项
检查仪器	
贴紧电极片	
按下"分析"键	
旁人离场	
按下"放电"键	
除颤效果	

4. 其他急救：当触电造成其他二次伤害时的救助

其他伤害	救助方案
出血	
骨折	

（二）模拟消防设施使用与事故车处理

1. 使用气溶胶灭火器

具体步骤	注意事项
检查灭火器	
拉出保险环	
对准火源根部	
按下启动按钮	
调整位置角度	

(续)

2. 使用干粉灭火器

具体步骤	注意事项
检查灭火器	
拉出安全销	
对准火源根部	
按下压把	
调整位置角度	

3. 使用消火栓

具体步骤	注意事项
打开消火栓	
按下火警按钮	
连接水带	
打开阀门	
对准火源根部	
调整位置角度	

4. 事故车辆处置

具体步骤	注意事项
固定车辆	
车辆断电	
检查蓄电池	
处置移交	

任务评价

评分项目	评分标准	自我评价	小组评价	教师评价
		优秀，25分；良好，15分；一般，10分		
知识目标	1. 能讲述触电急救的具体步骤 2. 能讲述火灾与事故处置的具体步骤			
实践能力	1. 能正确地实施触电急救 2. 能正确地实施火灾与事故处置			
职业素养	1. 能够查阅维修手册或相关资料并准确地找到所需知识 2. 能够与他人交流或介绍相关内容 3. 在工作组内服从分配、担当责任并能协同工作			

(续)

评分项目	评分标准	自我评价	小组评价	教师评价
		优秀,25分;良好,15分;一般,10分		
工作规范6S	1. 清理及整理工具、量具及车辆,维护整洁实训场地 2. 建立安全操作环境 3. 物品回收与环保处理 4. 检查完善工作单			
总评	满分100分			

项目二 新能源汽车高压防护

新能源汽车高压防护与安全操作

学习任务一 防护用具与绝缘工具使用

任务准备

一、判断题

1) 新能源汽车涉及高压电，在维修过程中维修人员必须做好安全防护。（   ）
2) 常见的个人安全防护用具包括绝缘手套、绝缘鞋、护目镜、安全帽、防护服等。（   ）
3) 绝缘手套通常用天然或合成橡胶制成。（   ）
4) 当采用颜色标记绝缘手套电压等级时，应符合 0 级—橙色、1 级—白色、2 级—黄色、3 级—绿色、4 级—红色。（   ）
5) 电气作业时戴了绝缘手套，就不用穿绝缘鞋了。（   ）
6) 护目镜的作用是在进行高压电车辆维修时，防止维修过程中产生的电火花对眼睛产生伤害，也可以防止蓄电池液的飞溅。（   ）
7) 在新能源汽车举升工位下方进行作业时，维修人员必须佩戴相应标准的绝缘帽。（   ）
8) 当发生火灾事故时，化纤会在高温环境下粘连人体皮肤，导致严重的二次伤害。（   ）

二、选择题

1) 新能源汽车专用的维修工位需设置（   ）。
A. 警示标牌　　　　B. 安全隔离警戒线　　C. 绝缘垫　　　　D. 灭火器
2) 吉利帝豪 EV450 车型上的高压用电部件包括（   ）。
A. 驱动电机　　　　B. 动力蓄电池　　　　C. 空调压缩机　　D. 冷却水泵
3) 绝缘工具套装包括（   ）。
A. 套筒　　　　　　B. 呆扳手　　　　　　C. 螺钉旋具　　　D. 钳子

任务实施

一、作业前准备

在实训任务开展前严格按照此步骤对防护用具、绝缘工具、高压危险指示牌等进行检查。

检查方法	检查结果
检查防护用具是否缺失、破损	
检查绝缘工具是否齐全，绝缘胶套是否破损	

(续)

检查方法	检查结果
检查实训现场是否摆放高压危险指示牌或其他高压警示标识	
如需拆卸维修开关，检查是否有专人进行保管或在特定位置摆放，防止在进行维修作业时，其他人员闭合维修开关造成安全事故	

二、实施作业

（一）防护工具及绝缘工具认识及使用

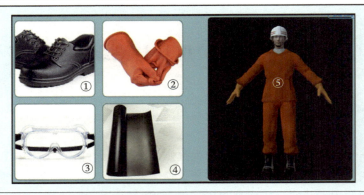

1	名称： 特性要求：
2	名称： 特性要求：
3	名称： 特性要求：
4	名称： 特性要求：
5	名称： 特性要求：
6	名称： 特性要求：
7	名称： 特性要求：
8	名称： 特性要求：
9	名称： 特性要求：

（二）指出新能源汽车维修工位布置与传统汽车维修工位的不同

新能源汽车维修工位	不同之处
 高压危险 请勿靠近	

任务评价

评分项目	评分标准	自我评价	小组评价	教师评价
		优秀，25 分；良好，15 分；一般，10 分		
知识目标	能正确地认识防护用具与绝缘工具			
实践能力	1. 能正确地使用防护用具与绝缘工具 2. 能正确地进行场地布置			
职业素养	1. 能够查阅维修手册或相关资料并准确地找到所需知识 2. 能够与他人交流或介绍相关内容 3. 在工作组内服从分配、担当责任并能协同工作			
工作规范 6S	1. 清理及整理工具、量具及车辆，维护整洁实训场地 2. 建立安全操作环境 3. 物品回收与环保处理 4. 检查完善工作单			
总评	满分 100 分			

学习任务二　高压电路测量设备使用

任务准备

一、判断题

1) 测量电压时，若不知道所测电压的高低，应由高向低选择档位。（　　）
2) 使用万用表进行电流测量，需要将万用表两个端子并联在所测部件两端。（　　）
3) 钳形电流表无须断开电源和线路即可直接测量运行中电力设备的工作电流。（　　）
4) 钳形电流表不可同时钳住两根导线测量电流。（　　）
5) 钳形电流表可以测量裸导体的电流。（　　）
6) 使用绝缘电阻测试仪测量绝缘电阻时，必须先切断所测部件的电源。（　　）
7) 接地电阻测量仪是测量各种装置的接地电阻以及测量低电阻的导体电阻值。（　　）

二、选择题

1) 在新能源汽车维修时，常用到的高压电路测量设备有（　　）。

  A. 万用表   B. 钳形电流表   C. 绝缘测试仪   D. 接地电阻测试仪

2）数字万用表常用的功能主要包括（ ）。

  A. 测量电阻   B. 测量电压   C. 测量电流   D. 测量绝缘

任务实施

一、作业前准备

在实训任务开展前严格按照此步骤对防护用具、绝缘工具、高压危险指示牌等进行检查。

检查方法	检查结果
检查防护用具是否缺失、破损	
检查绝缘工具是否齐全，绝缘胶套是否破损	
检查实训现场是否摆放高压危险指示牌或其他高压警示标识	
如需拆卸维修开关，检查是否有专人进行保管或在特定位置摆放，防止在进行维修作业时，其他人员闭合维修开关造成安全事故	

二、实施作业

（一）使用绝缘电阻测试仪测量绝缘电阻

上图为绝缘电阻测试仪，查阅资料，写出各数字指示部件的名称

1	名称:
2	名称:
3	名称:
4	名称:
5	名称:
6	名称:
7	名称:
8	名称:
9	名称:
10	名称:

(续)

	使用绝缘电阻测试仪测量绝缘电阻的方法，请将正确顺序写在横线上_____
1	将两表笔分别接高压线束的端子和绝缘层
2	将两表笔短接，按住 TEST 测试按钮开始测试，其电阻应为 0Ω
3	按住 TEST 测试按钮开始测试
4	将旋转开关旋至所需要的测试电压
5	将表笔分别插入测试仪 V 和 COM（公共）插孔
6	将旋转开关旋至所需要的测试电阻档

（二）检测绝缘胶垫的绝缘电阻值

按照上图标示测量绝缘电阻

作业内容	结果记录	完成情况
测量位置1：		□完成　□未完成
测量位置2：		□完成　□未完成

📖 任务评价

评分项目	评分标准	自我评价	小组评价	教师评价
		优秀，25分；良好，15分；一般，10分		
知识目标	能准确地描述高压电路测量设备的功能			
实践能力	能够正确地使用测量设备对绝缘防护的安全性进行测量			
职业素养	1. 能够查阅维修手册或相关资料并准确地找到所需知识 2. 能够与他人交流或介绍相关内容 3. 在工作组内服从分配、担当责任并能协同工作			
工作规范 6S	1. 清理及整理工具、量具及车辆，维护整洁实训场地 2. 建立安全操作环境 3. 物品回收与环保处理 4. 检查完善工作单			
总评	满分 100 分			

项目三 新能源汽车高压系统认知

学习任务一　新能源汽车电气架构认识

任务准备

一、填空题

1）供电设备的_____与_____直接施加到用电设备两端，用电设备外壳与车身直接连接搭铁，与车身等电位。

2）供电设备的正极端与负极端直接施加到用电设备两端，_____与车身不直接连接，用电设备外壳与供电设备的负极端直接相连，再与车身连接搭铁。

3）供电设备的正极端与负极端直接施加到用电设备两端，用电设备外壳与车身直接连接搭铁，供电设备的负极端也与车身连接搭铁，从而使用电设备外壳与供电设备的_____都为零电位搭铁。

4）如果用电设备正极端与外壳间同样出现_____，由于供电设备的负极端没有搭铁，那么供电设备的正、负极两端并不会发生短路，因此供电系统可以继续工作，同时通过仪表盘显示警报信息，从而保障驾乘人员的行车安全。

5）能源汽车高压部件主要包括_____、_____、_____等。

二、选择题

1）新能源汽车高压部件不包括（　　）。
A. 动力蓄电池　　　B. 驱动电机　　　C. 充电部件　　　D. 蓄电池

2）新能源汽车供电网结构包含（　　）。
A. IT 结构　　　B. TN 结构　　　C. TT 结构　　　D. 星结构

3）新能源汽车高压电气系统承担动力驱动的零部件是（　　）。
A. VCU　　　　　　　　　　B. 驱动电机
C. 充电部件　　　　　　　　D. 蓄电池

4）新能源汽车中高压电系统中，与动力蓄电池相关的高压元器件，如各回路的接触器及熔丝等，通常集成在（　　）内。
A. VCU　　　　　　　　　　B. 驱动电机
C. 充电部件　　　　　　　　D. 动力蓄电池包

5）短路熔断电路保护的部件主要有（　　）。
A. 动力蓄电池内部电路　　　B. DC/DC 回路
C. PTC 回路　　　　　　　　D. 空调压缩机回路

任务实施

一、作业前准备

在实训任务开展前严格按照此步骤对防护用具、绝缘工具、高压危险指示牌等进行检查。

检查方法	检查结果
检查防护用具是否缺失、破损	
检查绝缘工具是否齐全,绝缘胶套是否破损	
检查实训现场是否摆放高压危险指示牌或其他高压警示标识	
如需拆卸维修开关,检查是否有专人进行保管或在特定位置摆放,防止在进行维修作业时,其他人员闭合维修开关造成安全事故	

二、实施作业

辨识新能源汽车供电网络结构,简述其连接特点

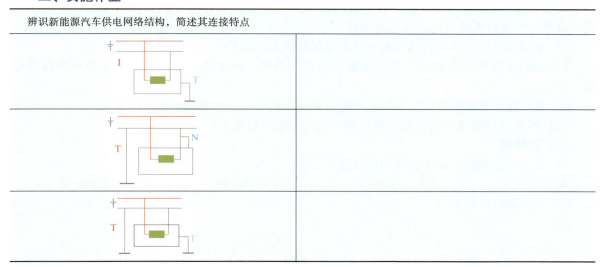

任务评价

评分项目	评分标准	自我评价	小组评价	教师评价
		优秀,25分;良好,15分;一般,10分		
知识目标	能准确地描述新能源汽车高压电气架构			
实践能力	能准确地识别新能源汽车高压电气架构			
职业素养	1. 能够查阅维修手册或相关资料并准确地找到所需知识 2. 能够与他人交流或介绍相关内容 3. 在工作组内服从分配、担当责任并能协同工作			
工作规范6S	1. 清理及整理工具、量具及车辆,维护整洁实训场地 2. 建立安全操作环境 3. 物品回收与环保处理 4. 检查完善工作单			
总评	满分100分			

学习任务二 新能源汽车高压部件与高压线束认知

任务准备

一、判断题

1）新能源汽车的电压一般在 1000~1500V，属于安全电压。（ ）

2）新能源汽车中，车辆蓄电池属于高压部件。（ ）

3）新能源汽车高压部件包括动力蓄电池、高压控制盒、DC/DC 变换器、车载充电机、蓄电池、熔断器盒等。（ ）

4）蓄电池模块是动力蓄电池的最小单元，每个模块电压约 6V。（ ）

5）车载充电机从布置上来讲，一端连接车辆的交流充电口，一端连接动力蓄电池，现今最常见的车载充电机通常装在高压控制盒内与其集成布置。（ ）

6）DC/DC 变换器可以将动力蓄电池的高压直流电转换为 36V 左右低压直流电向蓄电池充电，以保证行车时低压用电设备正常工作。（ ）

7）驱动电机的作用是将动力蓄电池的电能转换为机械能驱动车辆行驶。（ ）

8）新能源汽车的空调制冷系统主要由电动压缩机、冷凝器、膨胀阀、蒸发器及管路等组成。（ ）

9）高压线束不需要护套，只要有对应的屏蔽层就可以保证使用安全。（ ）

10）慢充接口的端子接口数比快充接口的端子接口数多。（ ）

二、选择题

1）提供新能源汽车动力的高压部件是（ ）。

A. PTC　　　　　　B. 压缩机　　　　　　C. 驱动电机　　　　　D. 动力蓄电池

2）下图部件名称是（ ）。

A. PTC 接口　　　　B. 维修开关　　　　　C. 充电接口　　　　　D. 熔断器盒

3）高压线束的颜色通常是（ ）。

A. 白色　　　　　　B. 蓝色　　　　　　　C. 橙色　　　　　　　D. 紫色

4）下图部件名称是（ ）。

A. PTC   B. DC/DC 变换器   C. 驱动电机   D. 动力蓄电池

5）高压插接器的作用不包括（   ）。

A. 导电   B. 防潮   C. 密封   D. 耐热

📖 任务实施

一、作业前准备

在实训任务开展前严格按照此步骤对防护用具、绝缘工具、高压危险指示牌等进行检查。

检查方法	检查结果
检查防护用具是否缺失、破损	
检查绝缘工具是否齐全，绝缘胶套是否破损	
检查实训现场是否摆放高压危险指示牌或其他高压警示标识	
如需拆卸维修开关，检查是否有专人进行保管或在特定位置摆放，防止在进行维修作业时，其他人员闭合维修开关造成安全事故	

二、实施作业

（一）高压部件识别

在车辆上找出图中对应的高压部件，并讲述其功能

蓄电池组

BMS
蓄电池模块
冷却管路
B-BOX高压配电箱

（续）

驱动电机 	
高压控制盒 	
DC/DC 变换器 	
交、直流充电接口 	
车载充电机 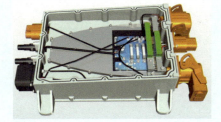	

（续）

PTC 加热器 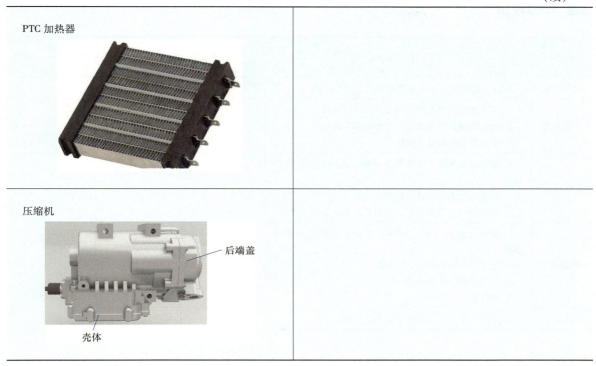	
压缩机	

（二）高压线束识别

1. 根据高压线束图识别结构。

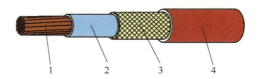

线束结构名称：

1 _____ 2 _____ 3 _____ 4 _____

2. 根据图片写出插接器拔出步骤。

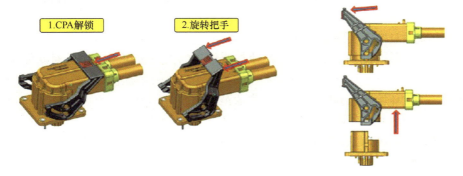

高压插接器拔出步骤：

_____

_____

_____

任务评价

评分项目	评分标准	自我评价	小组评价	教师评价
		优秀，25分；良好，15分；一般，10分		
知识目标	能熟记新能源汽车高压部件及线束检测规范			
实践能力	1. 能正确地识别新能源汽车中的高压部件 2. 能正确地识别新能源汽车中的高压线束 3. 能正确地检测高压线束			
职业素养	1. 能够查阅维修手册或相关资料并准确地找到所需知识 2. 能够与他人交流或介绍相关内容 3. 在工作组内服从分配、担当责任并能协同工作			
工作规范 6S	1. 清理及整理工具、量具及车辆，维护整洁实训场地 2. 建立安全操作环境 3. 物品回收与环保处理 4. 检查完善工作单			
总评	满分 100 分			

学习任务三　新能源汽车高压断电验电操作

任务准备

判断题

1）新能源汽车高压断电操作只要熟练步骤，可以在不穿戴防护用品的情况下进行操作。（　　）

2）只要确定新能源汽车已经断电，可以不对车辆进行验电。（　　）

3）人体能够承受的安全电压为80V，安全触电电流和持续时间乘积最小值为60mA·s。（　　）

4）绝缘电阻除以蓄电池的额定电压应该大于100Ω/V，交直流组合电路绝缘阻值应大于500Ω。（　　）

5）新能源汽车断电操作只需要关闭钥匙开关即可。（　　）

6）只要知道新能源汽车断电流程，没有经过特种作业培训的人员也可以一个人对新能源汽车进行断电操作。（　　）

7）在电工作业中，作业环境超过60V属于高压作业范畴。（　　）

8）绝缘电阻测试仪的作用是测量高压部件的绝缘电阻值。（　　）

9）测量绝缘垫的绝缘电阻时，只需要随意找个地方测量，只要满足绝缘电阻，则该绝缘垫属于满足绝缘要求的绝缘垫。（　　）

10）只要电压不超过人体安全电压，就可以对新能源汽车进行断电操作。（　　）

11）若工作环境空气很潮湿，则应尽量不要去做高压断电作业。（　　）

12）喷水软管和高压清洗装置直接对准高压部件作业是很危险的做法，高压部件插接口也不允许使用润滑油、润滑脂和触电清洗剂等。（　　）

13）所有松开的高压插头必须严防浸水和污物，损坏的线束必须更换。（　　）

14）佩戴有电子/医学生命和健康维持装置的人员不得检修高压系统（包括点火系统）。（　　）

15）新能源汽车验电过程中不能将工作区域的警示标识移开。（　　）

任务实施

一、作业前准备

在实训任务开展前严格按照此步骤对防护用具、绝缘工具、高压危险指示牌等进行检查。

检查方法	检查结果
检查防护用具是否缺失、破损	
检查绝缘工具是否齐全，绝缘胶套是否破损	
检查实训现场是否摆放高压危险指示牌或其他高压警示标识	
如需拆卸维修开关，检查是否有专人进行保管或在特定位置摆放，防止在进行维修作业时，其他人员闭合维修开关造成安全事故	

二、实施作业

（一）断电操作模拟

结合下图，说明断电操作工位相关内容

断电操作工位布置内容：

根据下图写出绝缘手套检查流程

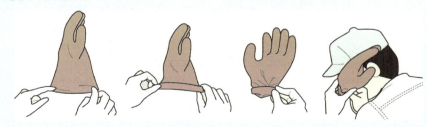

绝缘手套检查步骤：
1）
2）
3）
4）

（续）

断电过程完成后，测量数据

测量内容	电压	绝缘电阻（高压母线对车身绝缘）
是否满足	是□ 否□	是□ 否□

（二）验电操作

根据下图，写出验电相关注意事项及验电内容

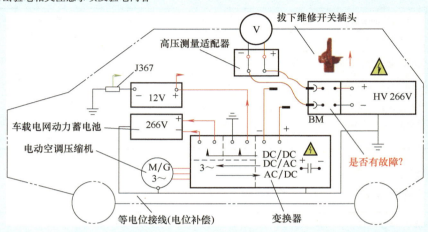

验电内容及使用仪器：

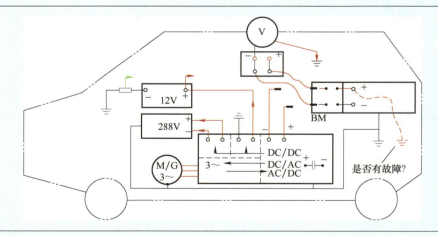

验电内容及使用仪器：

(续)

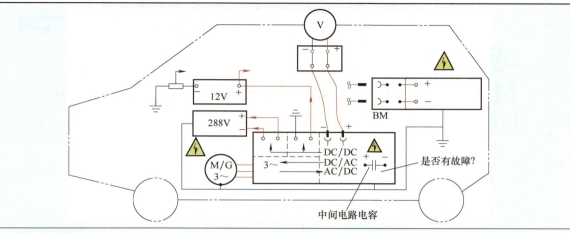

验电内容及使用仪器：

📖 任务评价

评分项目	评分标准	自我评价	小组评价	教师评价
		优秀，25分；良好，15分；一般，10分		
知识目标	1. 能熟记车辆断电规范流程 2. 能熟记车辆验电规范流程			
实践能力	1. 能正确地对车辆进行断电操作 2. 能正确地对车辆进行验电操作			
职业素养	1. 能够查阅维修手册或相关资料并准确地找到所需知识 2. 能够与他人交流或介绍相关内容 3. 在工作组内服从分配、担当责任并能协同工作			
工作规范 6S	1. 清理及整理工具、量具及车辆，维护整洁实训场地 2. 建立安全操作环境 3. 物品回收与环保处理 4. 检查完善工作单			
总评	满分 100 分			

项目四 新能源汽车维修安全操作

学习任务一 新能源汽车维修规范认知

任务准备

一、判断题

1）我国将高于 1000V 的电压定位为高压电，电压低于 1000V 的电压定位为低压电。（　　）

2）新能源汽车的工作电压通常为上百伏，是人体无法承受的。（　　）

3）在维修作业前，应预先对工位采取安全隔离措施。（　　）

4）维修人员必须佩戴必要的安全防护用品。（　　）

5）在维修高压部分之前，应将车身用搭铁线连接到新能源汽车专用维修工位的接地线上，然后对新能源汽车进行断电和验电操作。（　　）

6）在维修人员对车辆进行检修时，必须设置专职监护人 1 名，监护人工作职责为监督维修的全过程。（　　）

7）整车橙色线束均为高压线。（　　）

二、选择题

1）我国的新能源汽车维修资质主要分为（　　）。
  A. 一级资质　　　　　B. 二级资质　　　　　C. 三级资质　　　　　D. 四级资质

2）传统燃油汽车维修时可接触的最高电压是（　　）。
  A. 12V　　　　　　　B. 220V　　　　　　　C. 380V　　　　　　　D. 700V

3）我国将高于（　　）的电压定位为高压电。
  A. 12V　　　　　　　B. 220V　　　　　　　C. 380V　　　　　　　D. 1000V

4）下列物品不属于防护用具的是（　　）。
  A. 绝缘手套　　　　　B. 绝缘胶垫　　　　　C. 防护镜　　　　　　D. 普通扳手

5）新能源汽车高压零部件不包括（　　）。
  A. 蓄电池包　　　　　B. 车载充电机　　　　C. 驱动电机　　　　　D. 转向助力器

任务实施

一、作业前准备

在实训任务开展前严格按照此步骤对防护用具、绝缘工具、高压危险指示牌等进行检查。

检查方法	检查结果
检查防护用具是否缺失、破损	
检查绝缘工具是否齐全，绝缘胶套是否破损	
检查实训现场是否摆放高压危险指示牌或其他高压警示标识	
如需拆卸维修开关，检查是否有专人进行保管或在特定位置摆放，防止在进行维修作业时，其他人员闭合维修开关造成安全事故	

二、实施作业

1. 新能源汽车维修实施前个人防护准备

防护劳保用品：

穿戴、检查防护用品步骤：

2. 新能源汽车维修实施前车辆防护准备

防护设备：

实施步骤：

3. 新能源汽车维修实施流程

4. 新能源汽车维修安全操作规范

任务评价

评分项目	评分标准	自我评价	小组评价	教师评价
		优秀，25分；良好，15分；一般，10分		
知识目标	能正确地认知新能源汽车维修规范			
实践能力	能正确地识别新能源汽车维修资质			
职业素养	1. 能够查阅维修手册或相关资料并准确地找到所需知识 2. 能够与他人交流或介绍相关内容 3. 在工作组内服从分配、担当责任并能协同工作			
工作规范 6S	1. 清理及整理工具、量具及车辆，维护整洁实训场地 2. 建立安全操作环境 3. 物品回收与环保处理 4. 检查完善工作单			
总评	满分 100 分			

学习任务二　纯电动汽车高压系统绝缘检测

任务准备

一、判断题

1）新能源汽车上包含各种高压电气设备，良好的绝缘不仅能保证电气设备和电力线路的正常运行，还能防止操作人员发生触电事故。（　　）

2）在最大工作电压下，直流电路绝缘电阻的最小值应至少 500Ω。（　　）

3）B 级电压电路应根据国家相关法规要求拥有足够的绝缘电阻。（　　）

4）新能源汽车按照国家法规要求需要装备绝缘电阻监测系统，以便对动力蓄电池及车辆底盘部件的绝缘电阻进行定期（或持续）的监测。（　　）

5）绝缘电阻越大，绝缘性能越好。（　　）

二、选择题

1）（　　）是指带电部分上对触电（在没有故障的状态下）起基本防护作用的绝缘。

　　A. 基本绝缘　　　　　B. 附加绝缘　　　　　C. 双重绝缘　　　　　D. 加强绝缘

2）（　　）是为防止直接接触所提供的相当于双重绝缘防护等级的带电部分上的绝缘。

　　A. 基本绝缘　　　　　B. 附加绝缘　　　　　C. 双重绝缘　　　　　D. 加强绝缘

3）电工绝缘材料通常可分为（　　）。

　　A. 气体绝缘材料　　　B. 液体绝缘材料　　　C. 固体绝缘材料

4）气体绝缘材料有（　　）、高真空和六氟化硫等。

　　A. 空气　　　　　　　B. 氮气　　　　　　　C. 氢气　　　　　　　D. 二氧化碳

5）绝缘材料的绝缘性能以（　　）等指标来衡量。

　　A. 绝缘电阻　　　　　B. 泄漏电流　　　　　C. 击穿强度　　　　　D. 介质损耗

任务实施

一、作业前准备

在实训任务开展前严格按照此步骤对防护用具、绝缘工具、高压危险指示牌等进行检查。

检查方法	检查结果
检查防护用具是否缺失、破损	
检查绝缘工具是否齐全,绝缘胶套是否破损	
检查实训现场是否摆放高压危险指示牌或其他高压警示标识	
如需拆卸维修开关,检查是否有专人进行保管或在特定位置摆放,防止在进行维修作业时,其他人员闭合维修开关造成安全事故	

二、实施作业

1. 确认高压回路切断

   检测设备:

   检测步骤:

2. 检测动力蓄电池供电绝缘电阻值

   检测设备:

   检测步骤:

3. 检测动力蓄电池充电线路绝缘电阻值

   检测设备:

   检测步骤:

4. 案例分析:检索相关漏电案例,分析漏电原因和对人体的危害

漏电原因	人体危害

5. 简述新能源汽车高压系统具体的绝缘要求

任务评价

评分项目	评分标准	自我评价	小组评价	教师评价
		优秀,25分;良好,15分;一般,10分		
知识目标	能讲述新能源汽车高压系统具体的绝缘要求			
实践能力	能正确地测量新能源汽车高压系统的绝缘电阻值			
职业素养	1. 能够查阅维修手册或相关资料并准确地找到所需知识 2. 能够与他人交流或介绍相关内容 3. 在工作组内服从分配、担当责任并能协同工作			
工作规范6S	1. 清理及整理工具、量具及车辆,维护整洁实训场地 2. 建立安全操作环境 3. 物品回收与环保处理 4. 检查完善工作单			
总评	满分100分			

学习任务三 纯电动汽车高压互锁系统检测

任务准备

一、判断题

1)高压互锁的作用是使用5V的小电流来确认整个高压电气系统的完整性,在识别到回路异常断开时,及时断开高压电。(　　)

2)整车在高压上电前,需确保整个高压系统的完整性,使高压部件处于一个开放的环境下工作,提高其安全性。(　　)

3)带有高压互锁功能的高压插接器的特点是有一个单线的小插头和插座。(　　)

4)高压互锁回路中可以包括车辆碰撞和翻转信号。(　　)

5)高压互锁电路一般是从VCU输出信号,将所有高压部件串联在一起。(　　)

二、选择题

1)以下不属于高压互锁设计目的的是(　　)。

A. 整车在高压上电前,确保整个高压系统的完整性,使高压处于一个封闭环境下工作,提高安全性

B. 当整车在运行过程中,高压系统回路断开或者完整性受到破坏时,需启动安全防护

C. 防止带电插拔插接器给高压端子造成的拉弧损坏

D. 完成动力蓄电池电源的输出及分配,实现对支路用电器的保护及切断

2)具有高压互锁功能的高压连接系统,系统的功率端子和信号/控制端子应满足:①高压连接系统连接时,(　　)先接通,(　　)后接通;②高压连接系统断开时,(　　)先断开,(　　)后断开。

A. 功率端子　信号/控制端子　功率端子　信号/控制端子

B. 功率端子　信号/控制端子　信号/控制端子　功率端子

C. 信号/控制端子　功率端子　功率端子　信号/控制端子

D. 信号/控制端子　功率端子　信号/控制端子　功率端子

3)高压互锁的英文缩写是(　　)。

A. HVIL   B. HIVL   C. HIVI   D. HIVIL

任务实施

一、作业前准备

在实训任务开展前严格按照此步骤对防护用具、绝缘工具、高压危险指示牌等进行检查。

检查方法	检查结果
检查防护用具是否缺失、破损	
检查绝缘工具是否齐全，绝缘胶套是否破损	
检查实训现场是否摆放高压危险指示牌或其他高压警示标识	
如需拆卸维修开关，检查是否有专人进行保管或在特定位置摆放，防止在进行维修作业时，其他人员闭合维修开关造成安全事故	

二、实施作业

1. 绘制车辆高压互锁简图

车型：
简图：

2. 检测车辆高压互锁回路的完整性

检测设备：
检测步骤：

3. 简述纯电动汽车高压互锁系统检测中的注意事项

4. 简述纯电动汽车高压互锁系统的作用

任务评价

评分项目	评分标准	自我评价	小组评价	教师评价
		优秀，25分；良好，15分；一般，10分		
知识目标	1. 能准确地描述新能源汽车高压互锁系统的作用 2. 能准确地描述新能源汽车高压互锁系统的工作原理			
实践能力	能正确地完成新能源汽车高压互锁系统的检测			
职业素养	1. 能够查阅维修手册或相关资料并准确地找到所需知识 2. 能够与他人交流或介绍相关内容 3. 在工作组内服从分配、担当责任并能协同工作			
工作规范 6S	1. 清理及整理工具量具及车辆，维护整洁实训场地 2. 建立安全操作环境 3. 物品回收与环保处理 4. 检查完善工作单			
总评	满分 100 分			

学习任务四　混合动力汽车安全操作

任务准备

一、判断题

1) 插电混合动力汽车属于新能源汽车，也有高压电器，因此需要进行安全防护。（　　）

2) 混合动力汽车由于电压相对较低，所以在检修时不需要进行高压安全防护。（　　）

3) 混合动力汽车在更换发动机机油时，由于发动机不是高压部件，因此不需要进行高压安全防护。（　　）

4) 混合动力汽车可以使用发动机驱动形式，因此高压绝缘故障并不影响车辆的正常行驶。（　　）

5) 丰田雷凌双擎混合动力汽车的高压互锁电路一般是从 VCU 输出信号，将所有高压部件串联在一起。（　　）

二、选择题

1) 以下对混合动力汽车描述正确的是（　　）。

A. 混合动力汽车具有两种能量源，所有油改气的双燃料汽车属于混合动力汽车

B. 混合动力汽车由于同时具有传统燃油汽车与纯电动汽车的部件，因此其成本比传统燃油汽车和纯电动汽车都要高

C. 混合动力汽车一般布置有独立的高压发电机

D. 混合动力汽车的蓄电池通常设置在行李舱内

2) 丰田雷凌双擎混合动力汽车逆变器的作用不包括（　　）。

A. 将高压直流电转化为低压直流电

B. 将高压直流电转化为高压交流电

C. 将高压交流电转化为高压直流电

D. 将高压交流电转化为低压交流电

3）插电式混合动力汽车的英文缩写是（　　　）。

A. EV　　　　　　　B. HEV　　　　　　　C. PHEV　　　　　　　D. FCEV

任务实施

一、作业前准备

在实训任务开展前严格按照此步骤对防护用具、绝缘工具、高压危险指示牌等进行检查。

检查方法	检查结果
检查防护用具是否缺失、破损	
检查绝缘工具是否齐全，绝缘胶套是否破损	
检查实训现场是否摆放高压危险指示牌或其他高压警示标识	
如需拆卸维修开关，检查是否有专人进行保管或在特定位置摆放，防止在进行维修作业时，其他人员闭合维修开关造成安全事故	

二、实施作业

1. 绘制车辆高压互锁简图

车型：

简图：

2. 检测车辆高压互锁回路的完整性

检测设备：

检测步骤：

3. 混合动力汽车检修非高压部件的操作步骤

任务评价

评分项目	评分标准	自我评价	小组评价	教师评价
		优秀，25分；良好，15分；一般，10分		
知识目标	1. 能准确地描述混合动力汽车安全操作的方法 2. 能准确地描述混合动力汽车安全操作的注意事项			
实践能力	能正确地完成混合动力汽车安全操作与检测			
职业素养	1. 能够查阅维修手册或相关资料并准确地找到所需知识 2. 能够与他人交流或介绍相关内容 3. 在工作组内服从分配、担当责任并能协同工作			
工作规范 6S	1. 清理及整理工具、量具及车辆，维护整洁实训场地 2. 建立安全操作环境 3. 物品回收与环保处理 4. 检查完善工作单			
总评	满分 100 分			

课堂笔记